ABECÉ de YOGA para NIÑOS

ABECÉ de YOGA para NIÑOS

Escrito por
Teresa
Anne
Power

Ilustrado por
Kathleen
Rietz

Traducido por Ingrid S. Crawford

STAFFORD HOUSE

Abecé de Yoga para Niños

Derecho de autor @ 2011 por Teresa Anne Power

Printed in China
CPSIA Section 103(a) Compliant
www.beaconstar.com/consumer
ID: K0115648. Tracking No.: K1212286-7688

ISBN Number 13: 978-0-9822587-4-3
ISBN Number 10: 0-9822587-4-7

Para más información, diríjase a
Stafford House,
apartado postal 291,
Pacific Palisades, CA 90272

www.staffordhousebooks.com

Diseñador: Dotti Albertine

Para Trip, Kaitlyn, y Emmet. Gracias por su amor y apoyo.

Para Brookes, no hubiera podido haber hecho esto sin ti.

Y para Leah, porque siempre tuvo fe en mí.

T.A.P.

Para mi hermana, Anne, quien está siempre a mi lado.
K.R.

A a

Airplane = Avión

Soy un avión dirigiéndose al cielo.
Levanto el pecho, los brazos y las piernas
y luego vuelo.

Alligator = Lagarto

Yo soy un lagarto hambriento
acostado sobre el vientre.
Abro y cierro ambas manos
para tragar lo que encuentre.

B b

Bird = Pájaro

De puntillas y bien erguido
soy un pájaro divertido
que ha decidido volar.
Las alas agito y agito
¡y así lo voy a lograr!

Boat = Bote

Soy un macizo bote
que se esfuerza
para mantenerse a flote.
Sentado bien derecho
doblo las rodillas
y las acerco al pecho.
Arrimo los brazos suavemente
a los dos lados del cuerpo y
levantando las piernas lentamente
timoneando me divierto.

B b

Bridge = Puente

Boca arriba sobre el piso y doblando
las rodillas en alto las caderas alzo
para formar un puente,
y respiro simplemente.
Con los brazos por debajo
y sobre el suelo derechos además,
presiono sobre los hombros
para alzar el cuerpo más.

Butterfly = Mariposa

Junto las plantas de mis pies
y miro hacia el frente, como ves.
Después pongo los dedos
en los hombros para luego
desplegar mis alas de par en par.
¡Qué hermosa es la mariposa!

C c

Candle = Candela

Soy una candela de brillante fulgor.
Me arrodillo y encuentro mi paz interior.
Frente a mi corazón
junto mis manos en oración.
En esta postura de yoga respiro quedamente
para despejar mi mente.

Cat = Gato

Con las manos y rodillas en el piso
me convierto en gato.
Estiro una pata, un rabo
improviso, y maúllo ¡miau, miau!
para pasar el rato.

Chair = Silla

De pié y bien erguido, doblo mis rodillas
y me convierto en silla.
Con la mirada fija hacia adelante,
extiendo en alto los brazos
de gozo rebosantes.

C c

Cobra = Cobra

Siseo y siseo... soy una
serpiente que se reposa
sobre el vientre
para que el sol la caliente.
Con los codos doblados
cerca de los dos lados,
levanto mi pecho de cobra de
mucho orgullo hinchado.

Cow = Vaca

Soy una vaca sobre cuatro patas.
Arqueo mi espalda, inhalo,
y doy un mugido, ¡muu!
El yoga es mi pasatiempo preferido.
Exhalo al encorvar la espina dorsal.
Eso me ayuda a mantener
una excelente postura corporal.

D d

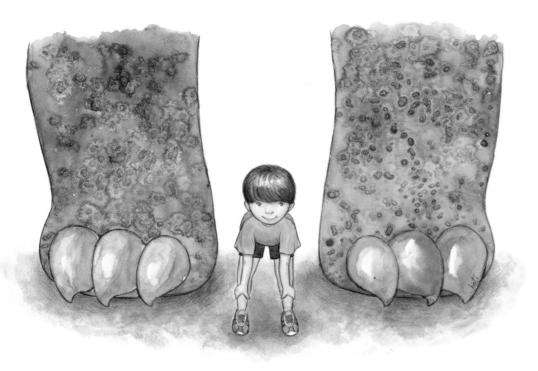

Dinosaur = Dinosaurio

Caminar como un dinosaurio
es divertido y nunca,
nunca es aburrido.
Me enderezo bien,
doblo un poco las rodillas,
me agarro de los tobillos,
me relajo y, cómodamente,
me echo a caminar muy lentamente
alzando una pata a la vez.
¡Es muy fácil! ¡Ya lo ves!

Dog = Perro

Soy un perro que se despereza
después de despertar.
De manos y de rodillas me
enderezo y empiezo a aullar.
Estiro las patas,
alzo las caderas, y las puntas
de los dedos las separo de veras.
Miranado abajo y hacia atrás
puedo ver de los piés
las puntas de todos los dedos.
Me siento muy feliz inhalando y
exhalando por la nariz
y enfocando mi atención
en la respiración.

D d

Dolphin = Delfín

Soy un delfín
al que le encanta nadar en el mar.
Sobre los talones me asiento
y los brazos extiendo enfrente de mí.
Enderezo las piernas y, manteniendo
los antebrazos pegados al suelo,
yo miro mis piés
para que el cuello no me duela después.

"Do Nothing" Pose = Postura holgazana

Yo estoy tan ocupada
y mi vida es tan trajinada que a veces
me cuesta disfrutar de no hacer nada.
La postura holgazana despeja mi mente
y me ayuda a vivir serenamente.
Yo cierro los ojos, reposo en la espalda
y me aseguro de que mi cuerpo permanezca
bien derecho con los brazos a mis lados
y las palmas hacia el techo.
Me concentro en mi aliento
para gozar de la inmensa paz que siento.

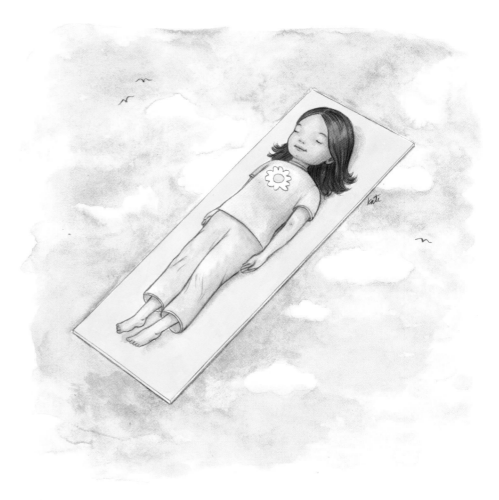

E e

Easy Pose = Postura fácil

Gozo de la vida serenamente
con una postura fácil y feliz
mientras inhalo y exhalo profundamente
por la nariz. Cruzo las piernas, la espalda
enderezo, sigo respirando, hasta ocho cuento
y ninguna inquietud siento.

Elephant = Elefante

Soy un elefante fenomenal.
Me pongo de pie firmemente,
encorvo la columna vertebral
y me echo a andar muy toscamente.
Los dedos entrelazo
y de un lado al otro
la trompa lentamente mezo,
y camino suavemente
a pesar de mi gran peso.

F f

Fish = Pez

Soy un pez.
Nadando en el mar profundo,
descanso sobre mi espalda como ves.
¡Qué de agua hay en este mundo!
Con los brazos bajo el cuerpo,
alzo mi pecho hacia el techo
¡y sé que bien lo he hecho!
Reposando la cabeza sobre el suelo
miro hacia atrás mientras
a mi cara roza el pelo
y en silencio nado un poco más.

Flamingo = Flamenco

De pie y bien recta doblo
la rodilla derecha.
La alzo y la sostengo y,
como si fuera un flamenco,
el equilibrio mantengo
con mucha estabilidad.
Y mirando hacia adelante
con gran aplomo
y donaire admiro mi habilidad.
Lo haré con la izquierda ahora
manteniendo la postura.
¡De eso estoy bien segura!

F f

Flower = Flor

Soy una bella flor que bajo el sol crece.
El yoga es divertido.
¿No te parece?
Me siento bien derecha, con la espalda recta.
Junto las plantas de los pies,
teniendo cuidado de mantener
la postura sin curvatura.
Levanto las piernas y paso,
por debajo de las rodillas, los brazos.
Cuento hasta tres, y bien sentada,
me mantengo balanceada.

Frog = Rana

Soy una rana muy sana.
Con los pies bien separados
y en cuclillas,
Meto los brazos
en medio de las rodillas.
Cuento hasta tres,
salto al contar y ¡croc, croc!,
empiezo a croar.

G g

Gate = Portón

De cuatro patas empiezo.
Doblo una de las piernas
mientras la otra la extiendo.
Tenso el brazo delantero
y derecho lo mantengo
para así empezar un portón a formar.
Levanto el otro brazo del suelo
y con él apunto al cielo.
Con mucho cuidado
¡un portón he formado!

Grasshopper = Chapulín

Con el yoga yo he logrado
convertireme en muchas cosas
Hoy quiero ser un chapulín alado.
Descansando boca abajo
con la barbilla en el prado
ahí me quedo otro rato
para descansar no más.
Sin hacer nada más, doblo los brazos
y una pierna levanto.
La regreso al prado, reposo brevemente,
y cambio de lado silenciosamente.

H h   I i   J j

Happy Baby = Un bebé feliz

Haciendo que mis rodillas
abracen mi pecho,
me pongo boca arriba
y contento descanso en mi lecho.
Y agarro mis piés
como lo hace un bebé feliz
¡una y otra vez!

Inhale = Inhalación

De las cosas importantes
que uno debe recordar constantemente
es que en cualquier postura de yoga
por la nariz hay que inhalar profundamente.

Jack-in-the-Box = Un muñeco de resorte en una caja de sorpresa

Sentada, con las rodillas dobladas
y sobre el pecho pegadas,
con mis brazos las abrazo y un momento reposo.
Apunto mi frente hacia adelante
y entre mis rodillas la coloco. Cuento hasta tres,
sosegada, y me quedo inmóvil – ¡paralizada!
Inhalando, al cielo levanto la frente como un
muñeco de resorte que de una caja sale de repente.

K k

Kite = Cometa

Soy una cometa
de gran colorido.
De pie y bien erguido
me preparo para volar.
Con las palmas juntas
y con mucho donaire
extiendo los brazos al aire.
Me mezo suavemente
de un lado para otro,
¡sin temor en mi mente!

Knot = Nudo

Para hacer un nudo reposo
sobre mi vientre
como lo hace una serpiente.
Esta postura es muy fácil,
casi sin esfuerzo se hace.
Con los brazos cruzados por delante
y las piernas extendidas por detrás,
enfoco la mirada hacia adelante
y me relajo un poco más.

Ll   Mm   Nn

Lion = León

Me encuclillo y,
con el pecho sobre los muslos,
miro el cielo
pues abalanzarme anhelo.
Cuento hasta tres
y un gran rugido doy,
para declarar que yo,
¡el nuevo rey de la selva soy!

Mouse = Ratoncito

Soy un ratoncito muy callado
y estoy en mi escondite, acurrucado.
Pongo mi cabeza sobre el piso,
sobre los talones me siento,
y un poco más el cuerpo al suelo acerco
con mis brazos a los lados puestos.
¡Cómo me gusta hacer esto!
Muchos escondites es probable encontrar
en los que un ratoncito como
yo se pueda acurrucar.

New Pose = Nueva postura

Es hora de que yo me atreva
a crear una postura de yoga nueva.
Mas debo recordar lo que me hace muy feliz:
el inhalar y el exhalar por la nariz

O o

Otter = Nutria

Soy una nutria traviesa
que la laguna atraviesa
para perseguir a un pez.
Acostado sobre el vientre,
con los brazos por delante,
pongo las piernas sobre el piso
y del torso las extiendo sonriente.
Hacia arriba me empujo lentamente
con las manos en el suelo,
y hago subir mi pecho y la cabeza.
¡Yo nunca tengo pereza!

P p

Peacock = Pavo real

Soy un pavo real de bellos colores.
Me siento derecho y sereno y de orgullo pleno.
La espalda la mantengo tan recta
que me siento seguro
de estar sentado contra un muro.
Las piernas las separo tanto
que no miento al decir que siento los estirones
de la cabeza a los talones.

Plank = Tabla

Transformo mi cuerpo ahora en una fina tabla de madera larga.
El yoga le ayuda a mi cuerpo a mantenerse fuerte y ágil, nunca frágil.
Para empezar, me pongo a gatas, es decir, a cuatro patas.
Luego hacia adelante echo el peso de mi cuerpo, hasta llegar a estar
paralelo con el suelo. Las piernas y los brazos los mantengo
rectos mientras me empujo hacia arriba para levantar el centro
del pecho, manteniendo el cuerpo bien derecho.

Pretzel = Un bizcocho en forma de ocho

¡Qué rico es un bizcocho en forma de ocho!
Con la postura fácil empiezo.
Luego volteo la cabeza a un lado y, en la nariz, la mirada clavo.
Después, una de mis manos cruza mi cuerpo, y en la rodilla descansa.
Por fin estiro la otra mano detrás del torso y así lo tuerzo sin esfuerzo.
Antes de cambiar de lado cuento hasta ocho, no a cien.
¡Qué delicioso es mi bizcocho! ¡Y cómo me siento de bien!

Q q

Queen = Reina

Soy una reina enaltecida,
respetada y distinguida.
Me pongo de pie y me mantengo
erguida, teniendo cuidado
de respirar correctamente.
Con los hombros echados hacia atrás,
alzo la cabeza y miro enfrente
y cuento hasta ocho lentamente.

R r

Rag Doll = Muñeca de trapo

Soy una muñeca de trapo.
Me pongo de pie, me inclino hacia adelante,
aflojo los brazos y los dejo colgantes.
Cuento hasta cinco y mantengo la postura
con toda soltura, pues soy muy flexible
y sin esfuerzo me pliego.
Inhalo y exhalo, relajo la espalda
y descanzo luego.

Rocking Horse = Caballo en balancín

Boca abajo sobre el piso
yo doblo ambas rodillas
meciéndome de maravilla.
Con las manos agarro firmemente
los tobillos, levanto el pecho
y a galopar me echo.

S s

SharK = Tiburón

Un tiburón sigiloso soy
que por el mar navegando voy.
Naturalmente, me acuesto sobre el
vientre con las piernas hacia atrás
y bien rectas además,
Mis dedos entrelazo y al cielo apunto
los brazos mientras levanto el torso.
Todos pueden ver mi aleta
cuando me deslizo sobre la cresta
de las olas, como un atleta.

Slide = Tobogán

Para transformarme
en un tobogán resbaladizo con las rodillas
dobladas me siento sobre el piso.
Luego por detrás pongo los brazos,
las piernas enderezo,
levanto las caderas
y mirando hacia adelante
me deslizo y gozo de veras.

S s

Sphinx = Esfinge

La esfinge egipcia
es parte león y parte hombre.
Por ser de piedra hecho,
me quedo inmóvil y en la arena me echo.
Hacia atrás las piernas estiro,
mientras los antebrazos
presionan firmemente el piso,
y con la mirada congelada por el tiempo,
miro hacia el frente fijamente
y el horizonte contemplo silenciosamente.

Swan = Cisne

Soy un cisne hermoso
de cuello largo y gracioso.
Con el vientre sobre el suelo
empiezo y los brazos enderezo.
Luego las rodillas doblo
y me encorvo hacia atrás,
pero sólo hasta donde
me agrade, no más.
Acerco la cabeza a los piés
arqueándome sútilmente
hasta donde mi espalda
pueda llegar fácilmente.

T t

Table = Mesa

Para crear la forma
de una mesa debo ser fuerte,
estable y maciza.
Me siento muy en alto y bien derecha,
por detrás las manos pongo,
y la postura mantengo
con todas las fuerzas que tengo.
Presiono sobre mis pies y manos
y, al levantar mi cuerpo,
espero alimentos sanos.

hola?

Telephone = Teléfono

Sentado, extiendo una pierna
y luego doblo la otra.
Como esta postura, ¡no hay otra!
Agarro mi pie,
lo acerco al oído,
y así puedo hablar por teléfono
con todos mis amigos.

T t

Tree = Arbol

Soy un árbol macizo y viejo.
Raíces profundas tengo por debajo.
Doblo una pierna y en el muslo el pie dejo.
Mantener el equilibrio no es fácil ¡pero lo voy a intentar!,
enfocando mi vista en un sólo lugar.
Con el yoga que practico ahora, ¡rápidamente mi concentración mejora!

T t

Triangle = Triángulo

De pie, con los pies bien separados
para empezar,
los dedos de un pie hacia adelante
hay que apuntar Levanto el brazo superior
mientras con el inferior
la espinilla trato de alcanzar.
Inhalo y exhalo y cuento hasta cuatro
antes de cambiar de lado para intentar hacer la
postura de triángulo del otro costado.

Turtle = Tortuga

Sobre el piso sentado estoy.
Doblo las rodillas y separo bien
las piernas pues, como ves,
una tortuga muy tímida
soy y pronto, en mi concha a
esconderme voy. Con los pies
firmes en el suelo, pongo
cada brazo bajo cadarodilla y
miro hacia abajo para ver mi
pancilla. Cuento hasta tres, y
luego lentamente saco la cabeza
de mi concha. La levanto un poco temeroso ¡y me
doy cuenta de que el mundo es maravilloso!

U u V v

Unicorn = Unicornio

Para convertirme en un unicornio
de un lugar mítico y alejado,
empiezo hincado sobre las rodillas y las manos,
sin hacer esfuerzos sobrehumanos.
Formo un cuerno levantando
una mano y colocándola en la frente.
Para mantener buen equilibrio
miro directamente en frente.
Con la otra mano, presiono el suelo plano.
Esta postura es sencilla y la hago de maravilla.

Volcano = Volcán

Me yergo, firmemente parado,
con los pies un poco separados.
Junto mis manos en oración
delante de mi corazón.
Inhalo con anhelo alzando
las manos al cielo.
La postura de volcán es divertida
como el cancán.
Exhalo y termino por explotar,
moviendo los brazos a los lados.
Luego, al centro los vuelvo
a juntar donde, una vez más,
permanecen en paz.

W w

Warrior = Guerrero

Un guerrero soy, fuerte y orgulloso estoy,
con los pies muy separados,
los brazos extendidos y alargados.
Apuntando hacia adelante
con el pie delantero,
doblo la rodilla que está enfrente.
Como ves, ¡la postura de guerrero
es muy potente!

Waterfall = Cascada

Levanto las manos muy en alto
y me mantengo de pie, bien erguida.
Mi cuerpo se convierte en cascada fluida.
Alzo los dedos al cielo y miro mis manos
que mantengo en alto, y me arqueo hacia atrás
hasta donde me sienta a gusto, no más,
y dejo que mi cuerpo y mi pensar empiecen
a fluir como un río hacia el mar.

W w

Windmill = Molino de viento

Parado y con las rodillas
dobladas ligeramente
y los pies separados ampliamente,
bajo una mano y toco el suelo
con el brazo en dirección al corazón.
Ahora dirijo el otro brazo al cielo,
lo extiendo y lo mantengo en alto.
Cambio de brazo y cuento hasta tres.
Soy un molino de viento
que gira suavemente, como ves.

Windshield Wipers= Limpiaparabrisas

Acostado en mi lecho
con las rodillas en el pecho,
abrazo mis piernas,
y, con gozo, un instante reposo.
Luego empiezo a rodar
de un lado al otro, para limpiar,
como lo hacen los limpiaparabrisas
sin parar.

Xx Yy Zz

X = Equis

De pie, muy fácilmente
la letra equis puedo crear
con tan sólo cruzar los
brazos por delante
de mi cuerpo erguido.
Cuento hasta ocho
con calma y
sin hacer ruido.

Yoga = Yoga

La palabra yoga quiere decir
"unión" de cuerpo,
mente, y respiración.
Cuando practicas estas posturas
empezarás a descubrir
una sensación
de calma y serenidad,
creando muy dentro de ti
una fuerte y firme identidad.

Zero = Cero

Empiezo sentado,
con las piernas cruzadas.
Luego alzo los brazos al cielo
para formar el número cero
al conectar los dedos en el aire
con mucho donaire.
Y enfocando la mirada directamente enfrente,
llego a ser un niño muy consciente.